LA GUÍA ESENCIAL

Escrito por Steve Bynghall

LIBROS Disney

CONTENIDO

TUNING
POWERED BY

INTRODUCCIÓN

La vida es bella para la superestrella de las carreras Rayo McQueen. Acaba de ganar la Copa Pistón por cuarta vez, y ahora vuelve a casa, a Radiador Springs, para disfrutar de un merecido descanso. Después de una temporada agotadora quemando goma en la pista, Rayo se muere de ganas de salir con Mate, Sally y todos sus amigos.

Sin embargo, en vez de descansar sus neumáticos en Radiador Springs, Rayo se encuentra compitiendo contra los mejores coches de carreras del mundo en el Grand Prix Mundial. ¡Y todo gracias a su mejor amigo, Mate! Mientras viaja desde Tokio a Londres, soñando con ganar el premio más importante del Mundo, las cosas no son lo que parecen. Es Mate quien tiene que sacarle del apuro, pero la grúa oxidada se ve atrapada en una trama internacional de espías…

RADIADOR SPRINGS

RADIADOR SPRINGS fue fundada en 1909, en un lugar donde había un manantial, por un coche llamado Stanley. Esta ciudad del desierto está llena de personajes pintorescos y un continuo tráfico de visitantes curiosos con ganas de ver al famoso Rayo McQueen.

¿LO SABÍAS?
Radiador Springs es la entrada a Ornamental Valley. Los coches recorren muchos kilómetros solo para ver el impresionante paisaje.

Rayo McQueen

Es el nuevo y más famoso vecino de Radiador Springs. Llegó allí accidentalmente, ¡pero encontró tantos amigos que se quedó!

¡La pandilla!

Todos los vecinos de Radiador Springs contribuyen a que la ciudad sea un lugar divertido y vibrante. ¡Siempre se preocupan por los demás!

Fillmore

¡Paz y amor! Si quieres combustible ecológico, ve a ver a Fillmore.

Sargento

Es un ex jeep del ejército. Lleva el almacén de excedentes del ejército.

Lizzie

Es la vecina más anciana de la ciudad. ¡Y una de las más elegantes!

Ramón

Regenta el Taller de pintura y tatuaje de Ramón. ¡Él mismo luce sus diseños!

Flo

Está casada con Ramón. Dirige el café V-8, donde sirve el mejor combustible.

Rojo

Es el camión de bomberos. Terriblemente tímido y emotivo.

Luigi

Junto con Guido, lleva el taller de ruedas la Casa della Rueda. ¡Le obsesionan los Ferrari!

Guido

Es una carretilla elevadora italiana. Trabaja muy duro en la Casa della Rueda.

Sally

Es la novia de Rayo. Es la abogado de la ciudad, y la dueña del hotel Cono Comod-Inn.

Sheriff

Se toma muy en serio su trabajo. Vigila que haya ley y orden en la ciudad en todo momento.

Mate

Es la grúa de la ciudad, y le encanta divertirse ¡Es el vecino más oxidado de todo Radiador Springs!

GRAND PRIX MUNDIAL

Tres carreras diferentes, tres países distintos, ¡un solo ganador! Miles Axlerod, magnate del petróleo, ha creado este premio internacional para presentar su nuevo combustible alternativo, Allinol. En el Grand Prix Mundial se reúnen los mejores coches de carreras del planeta.

Brent Mustangburger

El locutor Brent Mustangburger comenta todas las carreras. Es casi tan famoso como los propios coches. Radia las carreras junto con Davy Elas y Darrel Carter. ¡Es un clásico en cualquier carrera que se precie!

¿LO SABÍAS?
Los veteranos comentaristas de TV, Darrell Carter y Davy Elas, también estuvieron en la Copa Pistón.

Las pistas de carreras

El campeonato GPM es algo nunca visto, con tres carreras que tienen lugar en unos escenarios impresionantes.

CARRERA 1

Tokio, Japón

La carrera de Tokio es nocturna. Atraviesa el centro de la ultramoderna ciudad.

CARRERA 2

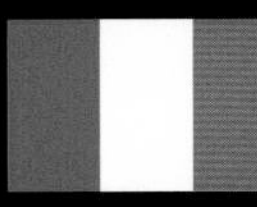

Porto Corsa, Italia

La pista de Porto Corsa está situada en la Riviera Italiana. Es una de las favoritas de los aficionados a las carreras.

CARRERA 3

Londres, Gran Bretaña

La final de Londres lleva a los coches a través de escenarios emblemáticos, incluido el Palacio de Buckingham.

¡Allá van!

Al principio de la carrera de Tokio, la expectación llega al máximo. Mientras la multitud ruge, los coches de carreras se concentran en las luces que pasan del rojo al verde.
¡Que empiece el GPM!

Cada pista de carreras ofrece curvas técnicas, rectas y tramos de tierra ¡en los que es muy fácil derrapar!

Los coches de carreras

Los coches de carreras internacionales provienen de diferentes modalidades de carreras.

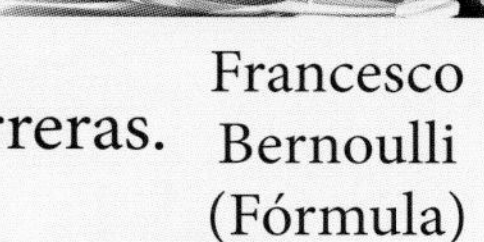

Francesco Bernoulli (Fórmula)

Rip Embragueneski (F6000)

Jeff Gorvette (GT)

Shu Todoroki (LMP)

Max Schnell (WTC)

Miguel Camino (GT)

Carla Veloso (LMP)

Nigel Gearsley (GT)

Raoul ÇaRoule (Rally)

Rayo McQueen (Copa Pistón)

Lewis Hamilton (GT)

LOS CORREDORES

El Grand Prix Mundial tiene la línea de salida más impresionante de la historia. Tan competitivos como dotados, los coches de carreras rugen por ver la bandera de cuadros y ganar el campeonato. En las pistas, son duros rivales, pero fuera de ellas son buenos amigos… ¡Al menos, la mayoría!

El favorito

Con velocidad, resistencia y potencia, Rayo es sin duda el más polifacético de todos los competidores.

El aspirante

Si alguien puede vencer a Rayo, ese es Francesco. No tiene una fórmula secreta, ¡es puro talento!

El luchador

Divertido y elegante, le encanta sorprender a la multitud con su rapidez y estilo.

El contendiente

Suave, sofisticado y sumamente seguro de sí mismo, Lewis Hamilton está acostumbrado a ganar siempre.

La leyenda

Jeff Gorvette es el que más veces ha estado entre los diez mejores. Impresiona e infunde respeto a todos.

La reina de las carreras

A Carla le encanta bailar Samba en el Car-naval brasileño, pero ganar premios le gusta aún más.

El experto

Aprendió a correr ganando el Speed Hill Climb, una carrera colina arriba que tiene lugar en Gran Bretaña.

El dragón

Shu es tan competitivo y feroz como el legendario dragón rojo Ka-Riu. ¡Lo lleva dibujado en su carrocería!

El estratega

Max Schnell es un fabuloso estratega. Estudia la pista detenidamente antes de cada carrera.

El acróbata

Raoul trabajaba en un circo francés. ¡Su elegancia y su gracia naturales le han hecho ganar muchas carreras!

El novato

El novato Rip se ha calificado en numerosas carreras. Podría ser el comodín en el GPM.

RAYO McQUEEN

Es el mejor atleta de su generación, la leyenda de las carreras. Centrado, feroz e increíblemente rápido en la pista, tiene un impresionante récord de resultados. A pesar de ser una celebridad mundial y de sus éxitos, sus amigos de Radiador Springs lo mantienen con las ruedas asentadas en el suelo.

¿LO SABÍAS?
Rayo ha ganado la prestigiosa Copa Pistón Hudson Hornet Memorial una vez, y la Copa Pistón, ¡cuatro veces!

Inseparables

Aunque parece increíble, el mejor amigo de Rayo es Mate, la grúa oxidada. Cuando los dos están en Radiador Springs son inseparables. ¡Incluso le acompaña en el Grand Prix Mundial!

Buenos amigos

Hubo un tiempo en que Rayo vivía muy deprisa, dentro y fuera de las pistas, aceptando entusiasmado las atenciones de sus fans. Pero no era feliz, y se dio cuenta de que los amigos son más importantes que su carrera.

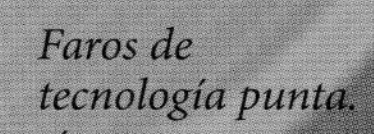
Faros de tecnología punta.

DATOS

Nacionalidad Norteamericana

Premios Copa Pistón

Modalidad de carrera Stock car

Velocidad máxima 354 km/h

Frase favorita «¡Soy muy rápido!»

Salón de la fama

Rayo McQueen es un coche de carreras campeón. Pero se enfrenta a una dura competición en el GPM, con coches como su compatriota Jeff Gorvette.
¿Podrá mantener su récord de campeonatos al competir contra lo mejor en el GPM?

MATE

A esta grúa tan simpática y leal le encanta divertirse. Regenta el único centro de rescate de Radiador Springs, y con su alegre carácter entretiene a los vecinos. Es el mejor amigo del mundo, ¡aunque a veces parezca que está en otro planeta!

¿LO SABÍAS?

Mate tiene cinturón de seguridad negro de kárate, y ha puesto el nombre de uno de sus amigos, Luigi, a uno de sus golpes.

A Mate le falta el faro delantero izquierdo desde hace años.

DATOS

Nacionalidad Norteamericana

Puesto Mejor amigo de Rayo, propietario de Grúa y Rescate Mate

Modalidad de carrera
Conducir marcha atrás

Velocidad máxima 121 km/h

Frase favorita
«Grúa Mate a su servicio.»

Viajar al GPM es un nuevo reto para Mate. En Tokio, se mancha con la salsa wasabi, y corre al cuarto de baño. ¡No sabe en cuál de los dos entrar!

Mente mecánica

Puede que Mate no sea el más listo de la ciudad, pero es un fenómeno en lo relativo a coches antiguos y piezas de repuesto. Un talento que resulta muy útil en Tokio.

Abolladuras ganadas en muchas aventuras con Rayo, su mejor amigo.

Le pintan el número 95 de Rayo cuando pasa a formar parte del equipo Rayo McQueen.

Mate es un poco bocazas. Le encanta hablar, aunque a veces lo que dice puede meterle en líos.

Buena compañía

A Mate le encanta reírse. Tanto si cuenta historias absurdas como si se dedica a volcar tractores, su energía y su sentido del humor son contagiosos. Siempre ve lo bueno de cada coche. ¡Aunque sean verdaderamente malísimos!

EL PERCANCE DE MATE

Mate no es la más lista de las grúas, y ha sufrido muchos percances en su vida. Sin embargo, mancharse de wasabi en una sofisticada fiesta en Tokio es bastante embarazoso. Mate sale corriendo al cuarto de baño para limpiarse. Pero, en el cuarto de baño japonés, la oxidada grúa ¡consigue mucho más que una parrilla limpia!

1. Mate, desesperado

Mate corre al cuarto de baño para limpiarse, pero tropieza en el primer obstáculo ¡y entra por error en el baño de señoras!

2. ¿Qué botón?

Cuando los coches en Japón van al cuarto de baño, pueden elegir qué música escuchar, e incluso ver su programa favorito de televisión.

3. Dibujos animados

Un dibujo animado intenta hacer más fácil la elección de las opciones, pero Mate elige algo que no esperaba.

4. Chorros

Desde el suelo debajo de él, salen unos chorros de agua ¡Hacen cosquillas! Cuando salen por primera vez, le pillan desprevenido y da un grito.

5. Burbujas

El rosa no es el color favorito de Mate. Pero apretar un botón equivocado en un baño japonés puede tener resultados sorprendentes. Una vez cubierto de espuma rosa, Mate queda un poco menos oxidado..., y más limpio.

EL EQUIPO RAYO McQUEEN

Una carrera no es nada sin un buen equipo de boxes. Cuando Rayo entra en el GPM, los amigos de Radiador Springs se vuelcan para ayudar a su amigo. El equipo de Rayo McQueen no será el más experimentado, pero cada uno de sus miembros aporta su talento especial.

Luigi

Es el especialista del equipo en ruedas. En Radiador Springs, vive rodeado de neumáticos, ya que es el dueño de la Casa della Rueda. Está dispuesto a darlo todo por el equipo Rayo McQueen.

¿Qué pasa, doctor?

Al principio, Rayo tuvo la suerte de tener a Doc Hudson como director de equipo. No solo aprendió tácticas del tres veces ganador de la Copa Pistón, sino sobre la concentración y la técnica necesarias para ganar.

Todos los miembros del equipo llevan auriculares para oírse entre sí y oír a Rayo.

Fillmore

El *hippy* Fillmore es el experto en combustibles ecológicos. Incluso ha creado su propia variedad.

El micrófono les permite hablar con Rayo mientras está en la pista.

Guido

¡Guido es la carretilla elevadora más rápida de los alrededores! ¡Cambia los neumáticos en un tiempo récord!

¿LO SABÍAS?

La pandilla de Radiador Springs fue el equipo de boxes de Rayo en el desempate de la Copa Pistón ¡Guido fue el más rápido del estadio!

Sargento

Lleva su sentido del deber y la disciplina militar al equipo de Rayo McQueen. ¡Cuando no está discutiendo con Fillmore!

¡Esperemos que Mate no tenga que remolcar a Rayo fuera de la pista!

Mate

La grúa se encarga de dirigir a Rayo durante la carrera ¿Qué puede salir mal?

FRANCESCO BERNOULLI

Rápido, ostentoso y muy creído, Francesco Bernoulli es el coche de carreras con más éxito de Europa. Al campeón del Grand Prix italiano le encanta picar a sus rivales diciendo que va a ganar todas las carreras. Aunque sea un bravucón, tiene espíritu deportivo.

La segunda carrera del GPM tiene lugar en Porto Corsa, Italia, la ciudad natal de Francesco. ¡Se muere de ganas de impresionar a sus paisanos!

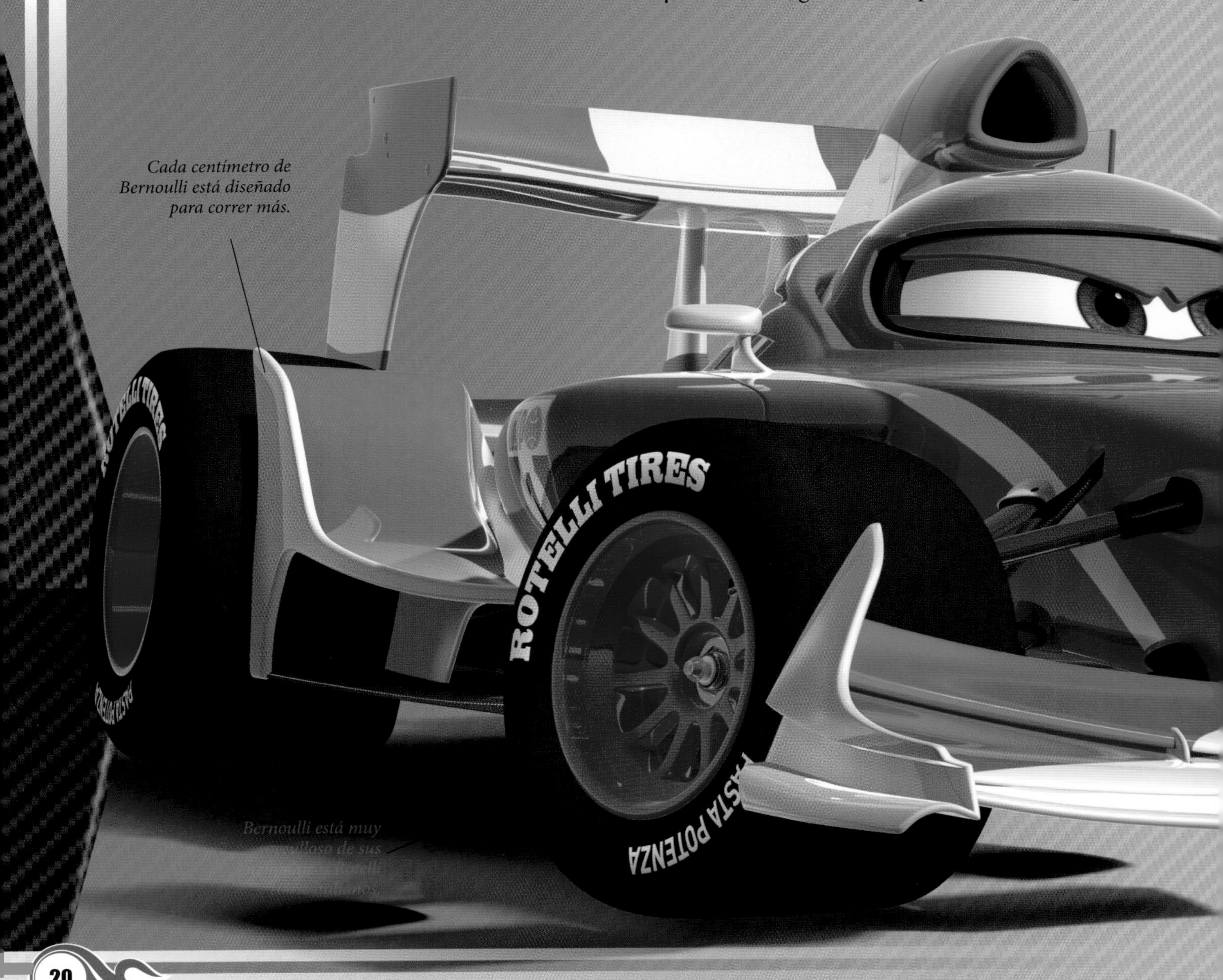

Cada centímetro de Bernoulli está diseñado para correr más.

Bernoulli está muy [illegible]lloso de sus [illegible] Rotelli [illegible] italianos.

DATOS

Nacionalidad Italiana

Premios Campeón de Fórmula 1

Modalidad de carrera Fórmula 1

Velocidad máxima 300 km/h

Frase favorita «Es un honor... para ti.»

Número uno

Francesco adelanta a sus oponentes en la pista a base de pura potencia. Pero a veces utiliza tácticas y trucos especiales para superar a sus rivales. De cualquier forma, Francesco tiene la fórmula ganadora.

Fans fantásticos

A Francesco le encanta tener miles de fans en todo el mundo. Admiran su elegante acabado y sus ruedas al aire. Hasta la novia de Rayo, Sally, reconoce que es muy guapo.

¿LO SABÍAS?

Cuando era joven, Francesco se colaba en el circuito de Monza y pasaba horas practicando.

Está pintado de rojo, verde y blanco, los colores de la bandera italiana.

RIVALES EN LA PISTA

Rayo McQueen y Francesco Bernoulli son los mejores coches de carreras del planeta. ¡Pero solo puede haber un campeón! La rivalidad que existía entre ellos se agrava durante el GPM. Aunque no lo reconozcan, cada uno admira las cualidades del otro en la pista.

¿LO SABÍAS?
Francesco está convencido de que va a ganar a Rayo, y lleva una pegatina en la parte de atrás para picarle.

Tácticas de pique

Francesco usa tácticas antes de las carreras para distraer a su rival. Su especialidad es fastidiar a Rayo todo lo que puede. Francesco le dice que tiene miedo de él, y que solo es capaz de conducir en círculos.

Los neumáticos de Bernoulli tienen extra agarre.

El mejor de tres

Con una demostración de habilidad muy audaz, Francesco gana en la carrera de Tokio. Sin embargo, Rayo se recupera y se impone en Porto Corsa. Con una carrera ganada cada uno, todo se decidirá en Londres. ¿Cuál de los dos será coronado campeón del GPM?

Un tipo imperturbable

Al principio, las pullas del italiano pillan desprevenido a Rayo. Pero antes de la gran carrera de Tokio, consigue mantenerse centrado, así, las palabras de Francesco no le afectan.

Aparte de su pintura nueva, Rayo lleva una pegatina del GPM.

TÍO TOPOLINO

El tío Topolino está muy orgulloso de que su techo blando siga en excelente estado.

Amable, cordial y lleno de sabiduría, Tío Topolino es el tío favorito de Luigi. Vive en un bonito pueblo llamado Santa Ruotina, junto a Porto Corsa, en Italia. Al invitar a quedarse a todo el equipo de boxes de Rayo, el tío Topolino demuestra su gran hospitalidad.

Hogar, dulce hogar

Luigi y Guido siempre agradecerán al tío Topolino que hiciera de ellos unos expertos en neumáticos. Hace años, trabajaron en el pueblo en su tienda de neumáticos, Topolino's. Él les animó a abrir su propia tienda, Casa della Rueda, en Radiador Springs.

¿LO SABÍAS?

Tío Topolino es un modelo Fiat de 1937. ¡Pero sigue estando en perfectas condiciones!

Mamá Topolino

La tía de Luigi, Mamá Topolino, fabrica el mejor combustible de Santa Ruotina. Su misión es asegurarse de que todos los del pueblo estén bien alimentados ¡Los vecinos siempre salen de su casa con el depósito lleno!

Un coche muy sabio

El Tío Topolino tiene muchos años de experiencia bajo su capó. ¡Es uno de los coches más viejos de Santa Ruotina! Se le considera el coche más sabio de Italia. Al pueblo llegan coches de todas partes que vienen a visitarle para que les aconseje sobre cualquier cosa, desde neumáticos hasta amistades.

MILES AXLEROD

Miles Axlerod es un magnate del petróleo. Sin embargo, ha decidido empezar a usar su energía y su poder para el bien común. Se ha convertido en un coche eléctrico, y se ha sumado a la causa ecologista. Pero hay quien cree que su repentina conversión es demasiado buena para ser cierta…

DATOS

Nacionalidad Británica

Puesto Fundador de Allinol

Modalidad Creador del GPM

Velocidad máxima 161 km/h

Frase favorita «¡El futuro es la energía alternativa!»

Sueños eléctricos

Axlerod era un tragón de gasolina, pero ahora prefiere la energía alternativa, y se ha convertido en eléctrico. Ahora, es eco-responsable, ¡tiene un panel solar!

Miles verde

Miles quiere llevar a cabo la misión de su vida. El antiguo magnate del petróleo está buscando un combustible alternativo, y puede haberlo encontrado en el Allinol, un combustible limpio y renovable.

Miles sabe cómo anunciarse. El logo de Allinol está en todas partes, hasta en su parrilla y en sus ruedas.

Pintura verde, a juego con la naturaleza.

Combustible potente

Miles ha pasado años desarrollando su nuevo combustible, Allinol. Ha creado el GPM para demostrar la potencia de Allinol, el combustible alternativo más limpio, seguro y barato que se haya fabricado nunca. La élite motora del planeta lo usará, demostrando que es un maravilloso combustible ecológico.

¿SABÍAS?

Axlerod conoció a la reina de Inglaterra cuando le concedió el título de Sir, y actualmente es Sir Miles Axlerod.

PROFESOR Z

El Profesor Z es un científico loco con una mente retorcida. Se pasa la vida en su laboratorio pensando en inventos extraños. Su última idea es una conspiración tan espantosa y de una maldad tan excepcional que debe ser detenido a toda costa.

¿LO SABÍAS?
El inteligente Profesor Z ha hecho que sus armas se activen con la voz, así nadie puede manipularlas.

El malvado profesor tiene un escondite secreto, una remota plataforma petrolífera en medio del Océano Pacífico. Allí, con la ayuda de sus esbirros, planea desbaratar el GPM.

Un cerebro súperdotado

El Profesor Z tiene una mente inventiva y brillante. Ha diseñado toda clase de aparatos extraños y no-muy-maravillosos. Su último diseño es un arma muy peligrosa que cambiará el mundo.

INFORMACIÓN SECRETA

Nacionalidad Alemana
Agencia Su propio imperio
Departamento Diseño de armas
Velocidad máxima 97 km/h
Frase favorita «¡Nadie puede detenernos!»

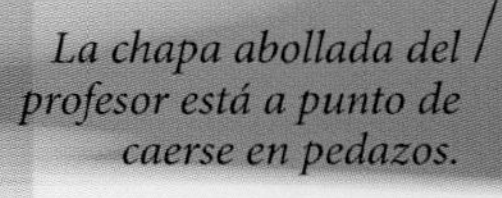

La chapa abollada del profesor está a punto de caerse en pedazos.

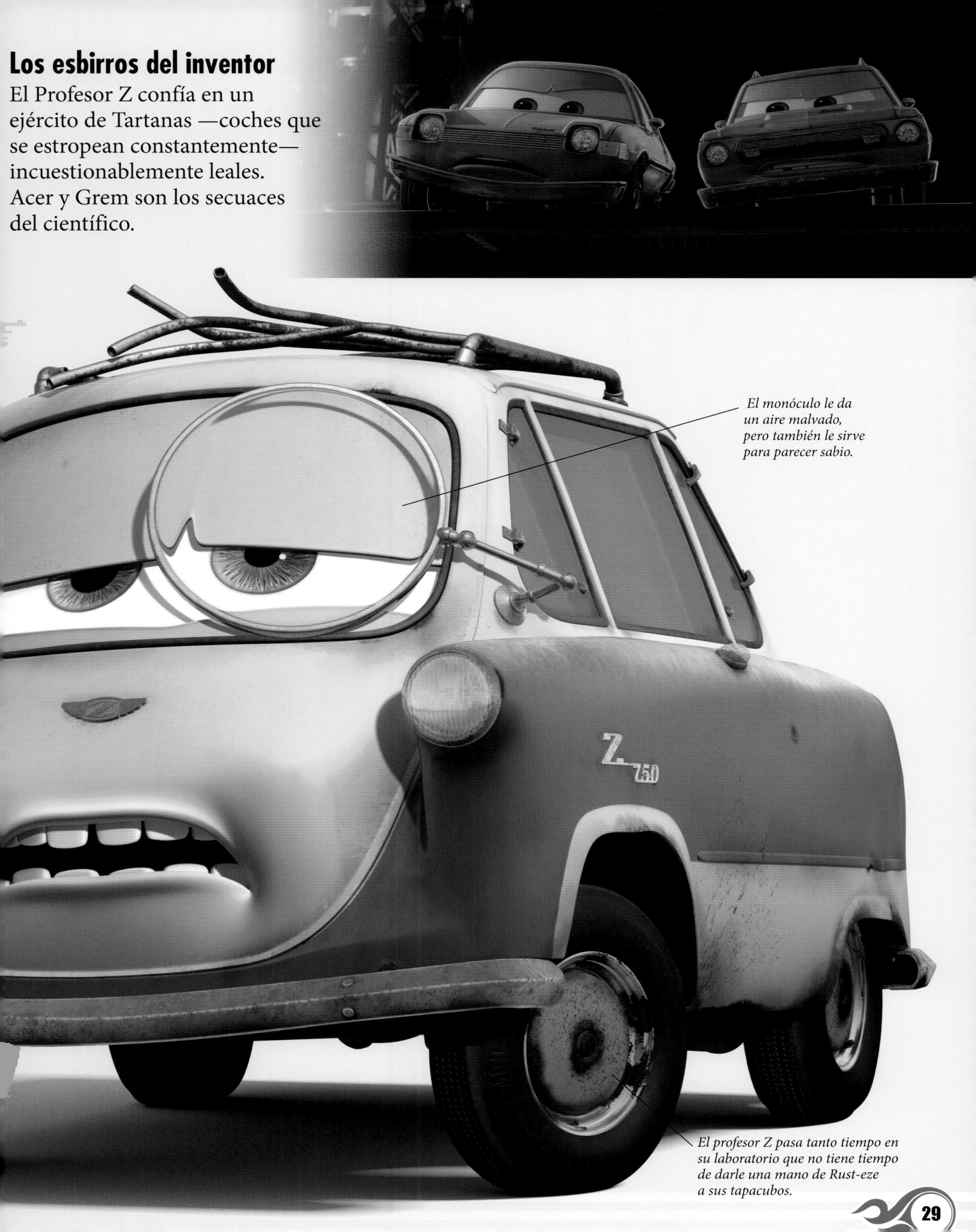

Los esbirros del inventor

El Profesor Z confía en un ejército de Tartanas —coches que se estropean constantemente— incuestionablemente leales. Acer y Grem son los secuaces del científico.

El monóculo le da un aire malvado, pero también le sirve para parecer sabio.

El profesor Z pasa tanto tiempo en su laboratorio que no tiene tiempo de darle una mano de Rust-eze a sus tapacubos.

MALVADO INVENTO

El Profesor Z está implicado en un terrible complot para desacreditar al combustible alternativo Allinol. Ha inventado un mortífero rayo de radiación electromagnética (oculto en una cámara) para desbaratar el Grand Prix Mundial.

El visor de la lente tiene una luz especial para localizar el objetivo.

Se busca

Los servicios secretos de todos los países buscan al Profesor Z. Su retorcida intención de inventar las armas más perversas le convierte en una amenaza para cualquier automóvil del planeta.

El trípode es parte del disfraz, pero también sirve para estabilizar el arma si las Tartanas lo necesitan.

Entrega especial

En plena noche, se entrega un prototipo del arma en la torre de perforación del profesor Z. Pero las Tartanas están siendo observados por el agente secreto Finn McMissile, que fotografía el extraño aparato sin que se den cuenta.

¡Sonría a la cámara!

El arma emite ráfagas invisibles de radiación electromagnética. Si se apunta hacia un coche con el depósito lleno de Allinol, el combustible hierve y se expande. Esto hace que el motor se resquebraje y vierta aceite en la cámara de combustión. Eso significa que ¡el coche puede explosionar!

GREM Y ACER

Grem y Acer son los principales esbirros del profesor Z. Los dos son Tartanas, coches con defectos de diseño y problemas de rendimiento. Su situación les ha hecho volverse malos y han vuelto su maletero a la sociedad. Se han unido al profesor en su malvado plan para convertirse en los coches más poderosos del mundo.

Las Tartanas como Grem envidian a los coches elegantes y lustrosos, como el agente secreto Rod Tuerca Redline.

¿LO SABÍAS?
Las Tartanas se dividen en cuatro familias: Gremlins, Pacer, Hugo y Trunkoff.

Grem

Grem es un Tartana nacido para el crimen. Lo único bueno que puede decirse de él es que disfruta de su trabajo.

DATOS

Nacionalidad Norteamericana

Familia Gremlins

Posición Esbirro del Profesor Z

Velocidad máxima 242 km/h

Frase favorita «¡Sonríe a la cámara!»

A Grem el Sucio le vendría bien una mano de pintura.

Las ventanas de Acer necesitan un buen lavado.

Acer espera conseguir un nuevo paragolpes antes de que se le caiga este.

DATOS

Nacionalidad Norteamericana

Familia Pacer

Posición Esbirro del Profesor Z

Velocidad máxima 242 km/h

Frase favorita
«¡Se escapa!»

Acer

El Pacer siempre se ha sentido marginado por su aspecto destartalado. Es tan duro como parece, y no le importa el daño que pueda causar a otros coches.

Viktor H

Viktor H es el cabeza de la familia Hugo. Es un villano muy rico, que ha amasado una colosal fortuna con una red ilegal de refinerías de petróleo.

A Acer no le importa ensuciarse las ruedas, haciendo todo lo que se le antoja al profesor Z. Pero no es rival para el superingenioso agente secreto Finn McMissile.

FINN McMISSILE

Es un experto agente secreto que trabaja para la Inteligencia Británica. A pesar de enfrentarse a las situaciones más peligrosas, el imperturbable Finn siempre cumple su misión. ¡Utilizando su astucia y su carisma, consigue salir ileso de las misiones más peligrosas!

Finn tiene lanzadores de cohetes ocultos en los faros. Cuando dispara los cohetes siempre dan en el blanco.

Carrocería a prueba de balas para proteger a Finn de sus enemigos.

Los neumáticos de Finn tienen una armadura protectora oculta.

Arsenal secreto

Finn McMissile tiene una fabulosa colección de armas y accesorios para ayudarle en cualquier misión. ¡Uno de sus accesorios corta el cristal! Por supuesto, todos están escondidos para sorprender al enemigo.

El sofisticado Finn

Finn es el no va más de los agentes secretos. Rezuma el encanto británico de la vieja escuela y además es muy listo. ¡Dos cualidades esenciales si trabajas para la Inteligencia británica!

Los faros ocultan lanzadores de cochetes.

INFORMACIÓN SECRETA

Nacionalidad Británica
Agencia Servicio Secreto de Su Majestad
Departamento Agente de campo
Velocidad máxima 290 km/h
Frase favorita «¡Gracias, amigo mío!»

A menudo, Finn tiene que trabajar ocultándose en la noche. Es un experto escondiéndose en las sombras.

¿LO SABÍAS?

Finn McMissile puede convertirse en submarino. ¡Así puede ocultarse bajo el agua!

HOLLEY SHIFTWELL

La valiente agente británica Holley Shiftwell acaba de salir de la academia de agentes secretos. Domina las técnicas más avanzadas y es la agente indicada si buscas cualquier información sobre los equipos de última generación. Sin embargo, Holley no es una obsesa de los accesorios. ¡Es un agente secreto muy inteligente decidida a triunfar!

INFORMACIÓN SECRETA

Nacionalidad Británica
Agencia Servicio Secreto de Su Majestad
Departamento Destacada en Tokio
Velocidad máxima 242 km/h
Frase favorita «¡Esta zona puede ser comprometida!»

Holley viaja a Tokio para pasar información secreta a Finn McMissile. Está muy lejos de casa, pero le gusta el reto.

Electroshockers ocultos que disparan ráfagas de electricidad.

Elegante coche deportivo.

Ordenador de seguimiento oculto para localizar casi cualquier cosa.

Enfréntate a tus miedos

Cuando se ve lanzada inesperadamente a la primera línea de una misión secreta, Holley se pone muy nerviosa. ¡Es la primera vez que hace un trabajo de campo! Pero se adapta rápidamente y revela todo su talento para hacer frente al peligro.

Agente novata

Relacionarse con un superagente secreto de la talla de Finn McMissile intimida a Holley. Tal vez sea un agente en rodaje, pero está dispuesta a trabajar duro e impresionar al experimentado Finn con su entusiasmo.

¿LO SABÍAS?
¡Holley tiene un par de alas retráctiles ocultas en los laterales que le permiten volar!

Holley tiene todo un surtido de accesorios ocultos para sorprender a sus enemigos.

SIDDELEY, EL REACTOR

El reactor del Servicio Secreto Británico, Siddeley, es exactamente el tipo de agente secreto que querrías tener en tu equipo. Muy responsable y valiente, Siddeley acudirá a rescatarte en el momento preciso. Muchos agentes han suspirado de alivio al verle lanzándose en picado desde el cielo para salvarlos.

En Japón, Siddeley rescata a Finn McMissile y a Mate de los Tartanas. Luego los lleva volando, junto a Holley Shiftwell, hasta París.

¿LO SABÍAS?

Uno de los mejores amigos de Sid es Stephenson, un tren espía que lleva a Finn, Holley y Mate desde París hasta Italia.

Acrobacias aéreas

Siddeley es un reactor elegantísimo. En su lujoso interior pueden viajar muchos agentes secretos en misiones por todo el mundo.

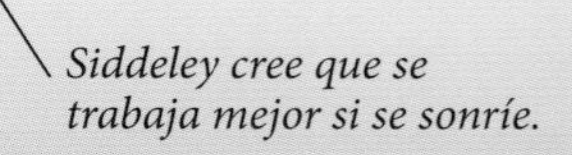

Siddeley cree que se trabaja mejor si se sonríe.

El elegante cuerpo de Siddeley tiene un diseño aerodinámico para alcanzar grandes velocidades.

INFORMACIÓN SECRETA

Nacionalidad Británica
Agencia Servicio Secreto de Su Majestad
Departamento Fuerza Aérea
Velocidad máxima 290 km/h
Frase favorita «¡Me estoy aproximando!»

Reactores gemelos con considerable potencia para un máximo rendimiento.

Pasajeros habituales

Siddeley y Finn McMissile, juntos, han llevado a cabo con éxito cientos de misiones. Aunque Finn es un agente del más alto nivel, siempre puede confiar en que Siddeley acuda volando a rescatarlo.

EQUIPO DE SUPERESPÍAS

Los agentes secretos británicos Finn McMissile y Holley Shiftwell están dotados de un arsenal de accesorios y equipamiento de última generación para ayudarlos en sus misiones. Seguir al enemigo es fácil cuando puedes convertirte en un medio de transporte completamente distinto.

Lanza cohetes a gran velocidad provocando enormes explosiones.

Agente McMissile

Finn lleva muchos años trabajando como agente secreto, y recuerda los tiempos en que los accesorios no eran tan buenos. Actualmente, está todo tan avanzado que siempre se sorprende con los últimos inventos.

Modo submarino

A veces, convertirse en submarino es la única forma de escapar de situaciones peligrosas. Los enemigos piensan que has muerto en el mar, cuando en realidad estás nadando bajo el agua.

Las aletas ayudan a avanzar en las corrientes.

Las ruedas son extensibles para aumentar la flotación.

¡De repente, Finn tiene aletas!

Aparato para respirar bajo el agua.

¿LO SABÍAS?

Finn y Holley están equipados con un potente ordenador con un banco de datos sobre los enemigos y dónde pueden estar.

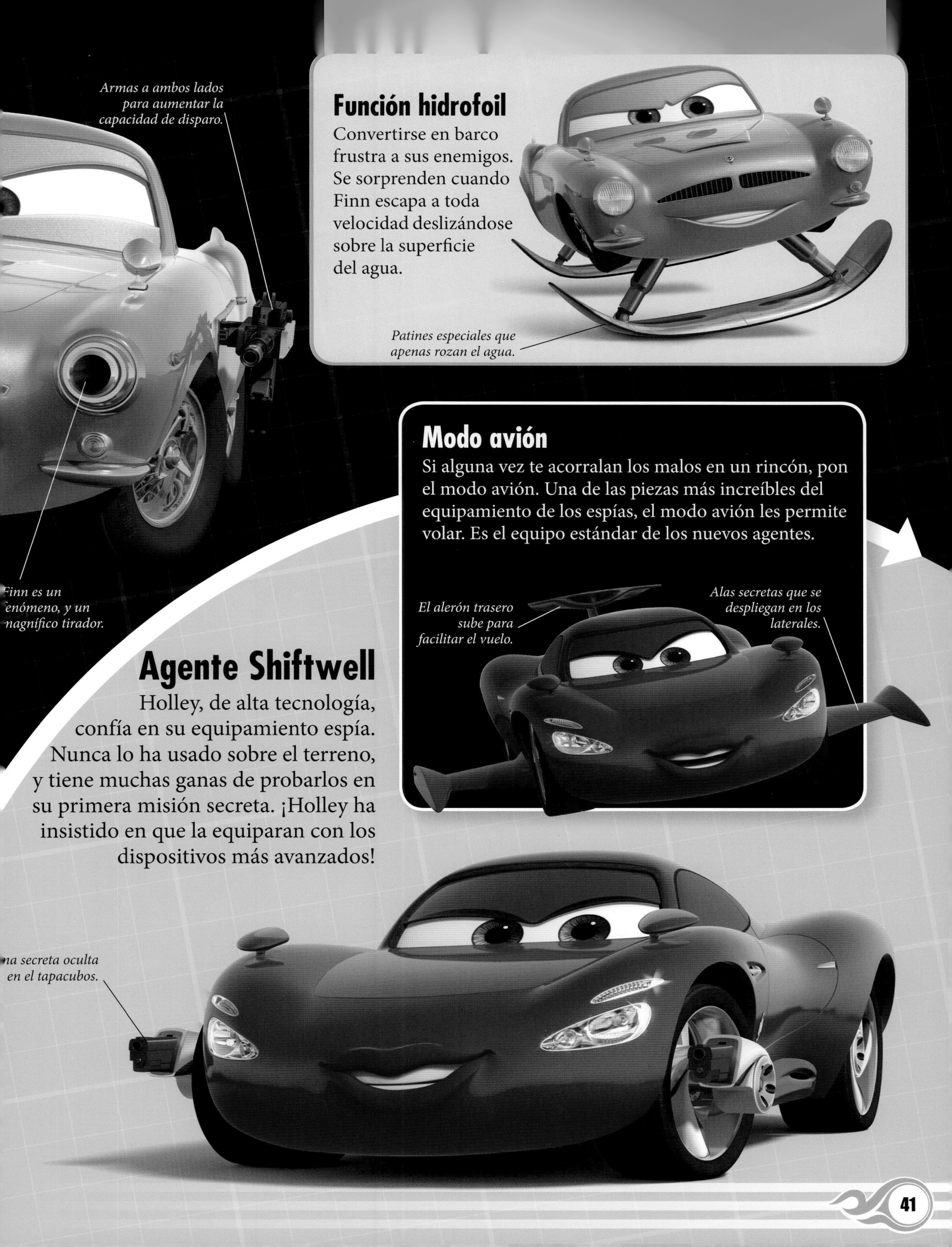

Función hidrofoil

Convertirse en barco frustra a sus enemigos. Se sorprenden cuando Finn escapa a toda velocidad deslizándose sobre la superficie del agua.

Patines especiales que apenas rozan el agua.

Modo avión

Si alguna vez te acorralan los malos en un rincón, pon el modo avión. Una de las piezas más increíbles del equipamiento de los espías, el modo avión les permite volar. Es el equipo estándar de los nuevos agentes.

El alerón trasero sube para facilitar el vuelo.

Alas secretas que se despliegan en los laterales.

Agente Shiftwell

Holley, de alta tecnología, confía en su equipamiento espía. Nunca lo ha usado sobre el terreno, y tiene muchas ganas de probarlos en su primera misión secreta. ¡Holley ha insistido en que la equiparan con los dispositivos más avanzados!

AGENTE SECRETO MATE

¡Un error de identidad hace que Mate se vea envuelto en una apasionante misión secreta! Simpático, algo bocazas y con la carrocería oxidada, Mate tiene el disfraz perfecto. ¡Nadie sospecharía nunca que una grúa de Radiador Springs colabora con la Inteligencia Británica! Pero Mate demuestra en seguida que es tan valiente como Finn y Holley.

Aventura de espionaje

Los agentes Finn y Holley creen que Mate es un superagente secreto, y que él es quien tiene que descubrir qué traman las Tartanas. Para ser un superagente secreto, necesitas el disfraz perfecto. ¡Sin embargo, Mate podría llamar la atención con estos disfraces!

Mate tuneado

Mate Drácula

Mate tirolés

El agente americano Rod Tuerca Redline confunde a Mate con un agente secreto, y le coloca un dispositivo sin que él lo sepa. El dispositivo contiene una fotografía muy importante.

Disfraces y sorpresas

Reactores de cohetes y disfraces holográficos son algunos de los extras ocultos que permiten al agente Mate cumplir su misión. Sin embargo, se niega a deshacerse de las abolladuras que le recuerdan su amistad con Rayo.

DISCUSIÓN DE AMIGOS

Uno es un supercoche de carreras y el otro una grúa oxidada, pero eso no impide que Rayo y Mate sean los mejores amigos. Sin embargo, el Grand Prix Mundial pone a prueba su amistad. Una desastrosa carrera en Tokio parece el fin para Rayo y Mate. ¿Volverá a ir su amistad sobre ruedas?

Rayo está concentrado en ganar el GPM pero, afortunadamente, allí está Mate para que se divierta.

Aprende a comportarte

A veces, Mate no piensa antes de actuar y monta una escena. En la fiesta del GPM de Tokio, Rayo quiere causar buena impresión a la élite del mundo de las carreras. Sin embargo, Mate está muy nervioso por todo lo que ve, y llama mucho la atención. Avergonzado por la actuación de Mate, Rayo le dice que debería comportarse de otra manera.

Llevar la pegatina del 95 le recuerda siempre su amistad con Rayo.

Fatales consecuencias

Durante la carrera de Tokio, Mate da consejos técnicos a Rayo a través de la radio del equipo. Desgraciadamente, Mate habla también con Finn por los auriculares. Rayo sigue unos consejos que no son para él, y pierde la carrera. Mate decide volver a Radiador Springs para no perjudicar a Rayo en el GPM.

Todo por el mejor amigo

Sin Mate cerca, nada es igual y Rayo empieza a darse cuenta de que debe aceptar a Mate tal como es. Afortunadamente para Rayo, Mate tiene un gran corazón, y haría cualquier cosa por sus amigos. Cuando la vida de Rayo corre peligro durante el Gran Premio Mundial, ¡Mate no se detiene ante nada para salvar a su mejor amigo!

¿LO SABÍAS?

Mate le enseñó a Rayo su pasatiempo favorito: despertar a los tractores. ¡Ahora, a Rayo también le encanta hacerlo!

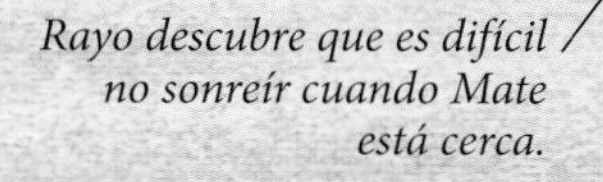

Rayo descubre que es difícil no sonreír cuando Mate está cerca.

RECUERDOS DE MATE

¡Qué aventura! Desde viajar a Japón e Italia hasta misiones de superagente secreto en París, y desde salvar a Rayo en Londres hasta conocer a la reina de Inglaterra. Sin embargo, a pesar de sus andanzas por todo el mundo, ¡Mate nunca dejaría Radiador Springs!

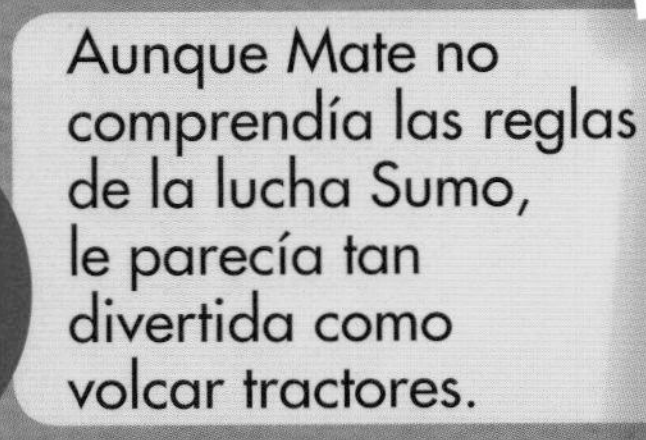

Aunque Mate no comprendía las reglas de la lucha Sumo, le parecía tan divertida como volcar tractores.

A Mate le encantó conocer Japón, aunque no le gustó el wasabi. ¡Chispas, cómo picaba!

Cuando los coches se cansan de visitar la ciudad, pueden echar una siesta en un hotel cúbico.

¡Mate no entendía lo que decían los coches de Tokio! La próxima vez, aprenderá japonés.

Mate no pudo hacer turismo en Porto Corsa ¡Estaba muy ocupado haciendo de agente secreto! A lo mejor, la próxima vez...

Desgraciadamente, el aspirador japonés Rayo McClean pesaba demasiado para llevarlo a Radiador Springs.

Mate hizo un recorrido especial en el Big Bentley de Londres.

A Mate le encantó mezclarse con los parisinos. ¡Tomber, el vendedor de piezas de recambio, era un tipo interesante!

Mate vio unos paisajes espectaculares en Tokio.

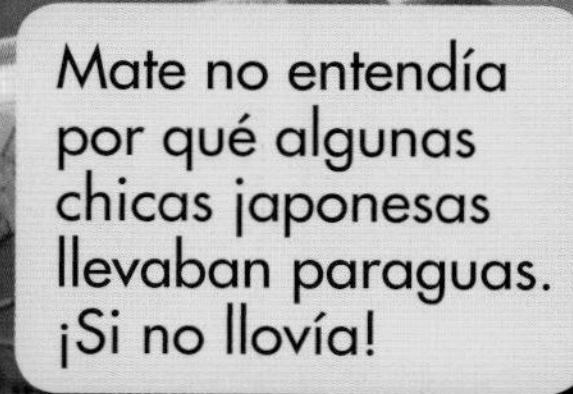

Mate no entendía por qué algunas chicas japonesas llevaban paraguas. ¡Si no llovía!

Mate habrá viajado mucho, pero Radiador Springs siempre será su hogar.

Desgraciadamente, Mate no pudo celebrar el triunfo de Rayo en Porto Corsa. ¡Las Tartanas lo habían secuestrado!

¡Conocer a la reina y ser nombrado Sir en Londres fue genial, pero se necesita un poco de tiempo para acostumbrarse a ser Sir Tom Mate!

ISBN: 978-84-9951-150-4

Publicado por Libros Disney, un sello editorial
de The Walt Disney Company, S.L.
c/ José Bardasano Baos, 9
28016 MADRID

Para saber más sobre *Cars 2* visita:

www.disney.es/cars2

LIBROS DISNEY